Inhalt

EU Grünbuch zur Meerespolitik - ökonomische und ökologische Interessen sollen versöhnt werden

Kernthesen

Beitrag

Fallbeispiele

Weiterführende Literatur

Impressum

EU Grünbuch zur Meerespolitik - ökonomische und ökologische Interessen sollen versöhnt werden

I.Zeilhofer-Ficker

Kernthesen

- Im Juni 2006 wurde von der EU-Kommission erstmals ein Grünbuch zur Meerespolitik veröffentlicht.
- Das Papier beschreibt auf 55 Seiten Themenbereiche, die das Meer und seine Nutzung betreffen und die bisher jede für sich in verschiedenen Ressorts bearbeitet wurden.

- Das Grünbuch soll ein erster Schritt sein, Meeresthemen integriert zu bearbeiten und ökologische und ökonomische Interessen in Einklang zu bringen.
- Bis zum 30. Juni 2007 laufen öffentliche Konsultationen, in denen Politiker, Regionen, Wirtschaftsverbände, Umweltschutzorganisationen sowie die Bürger der EU Vorschläge oder Kritikpunkte einbringen können.
- Bis Ende 2007 sollen aus den gesammelten Informationen Handlungsvorschläge und Strategien entwickelt werden, die zu weiteren Aktionen führen sollen.

Beitrag

Das Meer und seine Küsten werden auf vielfältige Weise genutzt. Da jeder Bereich bisher individuell gesehen und bearbeitet wurde, sind eine Reihe von Konflikten zwischen ökonomischen und ökologischen Interessen entstanden. Das Grünbuch zur Meerespolitik der EU will erstmals Zusammenhänge aufdecken und ein integriertes Handeln anstoßen.

Die Bedeutung des Meeres für

Europa

Europa ist eine Halbinsel, die von 68 000 Kilometer Küste umgeben ins Meer hineinragt. Die Landfläche der EU-Mitgliedsstaaten ist insgesamt kleiner als die Fläche seiner Hoheitsgewässer. Trotzdem ist die Bedeutung des Meeres und der angrenzenden Küstengebiete für Europa nur Wenigen bewusst. (1), (2)

40 Prozent des Bruttoinlandsprodukts der Europäischen Gemeinschaft wird in den Küstengebieten erwirtschaftet. 3,5 Milliarden Tonnen Fracht und 350 Millionen Fahrgäste werden in den Häfen der Gemeinschaft jedes Jahr abgefertigt. 90 Prozent des Außen- und 40 Prozent des Binnenhandels werden über das Meer abgewickelt. Aus Europa kommen 40 Prozent der Weltflotte und die EU-Länder gelten im Spezialschiffbau, der Meeresforschung und technologie als führend. 450 Millionen Bürger rund ein Drittel aller Einwohner leben an den Küsten und noch wesentlich mehr Menschen verbringen Urlaub und Freizeit an den Stränden Europas. Der maritime Tourismus generiert jedes Jahr Umsätze in Höhe von 72 Milliarden Euro. (1), (3), (5), (www.ec.europa.eu/maritimeaffairs)

Zusätzlich ist die EU der drittgrößte Fischverarbeiter der Welt: Über eine halbe Million Menschen arbeiten im Fischfang und der Fischverarbeitung. Durchschnittlich isst jeder Europäer jedes Jahr 25 Kilogramm Fisch weit mehr als Menschen in anderen Regionen der Welt. (4), (12)

Die Nordsee ist die viertgrößte Quelle für Öl und Gas weltweit und trägt damit zu einem hohen Maß zur Energieversorgung bei ebenso wie die bereits entstandenen und geplanten Offshore-Wind- und Gezeitenkraftwerke. (1), (www.ec.europa.eu/maritimeaffairs)

Andererseits wird das Meer als Lebensraum bedroht durch den Klimawandel, durch Überfischung und Verschmutzung. Maßnahmen sind daher dringend erforderlich, damit die Artenvielfalt erhalten und die langfristige Nutzung der Küsten und Meere für den Tourismus und die Fischerei sicher gestellt werden können. (5), (6)

Das Grünbuch zur Meerespolitik der EU

Die vielfältigen Möglichkeiten der Meeresnutzung fallen zur Zeit in die unterschiedlichsten Zuständigkeitsbereiche. Fischereiangelegenheiten werden in Brüssel von der Generaldirektion für

Fischerei behandelt, die Hafenwirtschaft fällt in das Ressort Verkehr, die Energiegewinnung wird vom Sektor Energie betreut und der Umweltschutz ist gleichfalls in einer eigenen Abteilung angesiedelt. (4), (www.ec.europa.eu/maritimeaffairs)

Die meisten das Meer betreffenden Projekte berühren aber nicht nur einen Bereich, sondern haben Auswirkungen auf verschiedene Arbeitsgebiete. Die Grundidee des Grünbuches zur Meerespolitik ist es, die verschiedenen Meeresthemen zu bündeln und deren Wechselwirkung zu analysieren.
Langfristiges Ziel ist es, die ökologischen und ökonomischen Interessen in Einklang zu bringen und damit die nachhaltige wirtschaftliche Nutzung bei gleichzeitigem Schutz des Meeres als Lebensraum für die Zukunft zu sichern. Durch die Anhörung von politischen Organisationen, von Ländern und Regionen, von Umweltschutz- und Wirtschaftsverbänden und jedem, der etwas zu dem Thema zu sagen hat, sollen eine Strategie zur integrierten Meerespolitik sowie konkrete Handlungsvorschläge erarbeitet werden. (2), (3), (6), (7), (8), (9)

Am 7. Juni 2006 stellten Fischereikommissar Joe Borg und EU-Kommissionspräsident José Manuel Barroso das 55seitige Grünbuch zur EU-Meerespolitik der Öffentlichkeit vor, das von einer Task Force, bestehend aus sieben Kommissaren und 15 Dienststellen, erarbeitet wurde. Die Wichtigkeit der Meere und der europäischen Küstengebiete wird darin verdeutlicht, die verschiedenen Themenbereiche mit ihrem jetzigen Status werden beschrieben und zu jedem Punkt Fragen gestellt, die von Fachleuten und Interessierten beantwortet werden sollen. Bis zum 30. Juni 2007 ist jedermann aufgerufen, seine Meinung, Kritik und Vorschläge zum bereitgestellten Fragenkatalog oder zur Thematik der EU-Kommission mitzuteilen und so zum Konsultationsprozess beizutragen. (10), (11)

Die Auswertung der Beiträge soll bis zum Ende 2007 erfolgen und eine Strategie zur Meerespolitik und konkrete Handlungsvorschläge liefern. (2), (www.ec.europa.eu/maritimeaffairs)

Fallbeispiele

Im Rahmen des Meeresumwelt-Symposiums im Juni 2006 in Hamburg wurde eine Strategie zum integrierten Küstenzonenmanagement vorgestellt. Diese Strategie soll im Rahmen der Konsultationen in die europäische Meerespolitik einfließen. Von der EU-

Kommission wurde in diesem Zusammenhang ein Raumplanungssystem für Europas Küstengebiete angeregt.(19), (www.ec.europa.eu/maritimeaffairs)

Schleswig-Holstein hat sich europaweit als Vorreiter der integrierten Meerespolitik empfohlen. Schleswig-Holsteins Europaminister Uwe Döring nimmt als Berichterstatter des EU-Ausschusses der Regionen die wichtige Aufgabe war, Anliegen der Regionen an Nord- und Ostsee, aber auch am Atlantik und Mittelmeer in das Grünbuch einfließen zu lassen. Schwerpunkte seiner Arbeit sind die Windparks auf hoher See, die Logistikanforderungen an die Ostseehäfen sowie ein Pilotprojekt zur umweltfreundlichen Stromversorgung von Schiffen während der Hafenliegezeiten. (18)

Ein wichtiger Bereich, der im Grünbuch zur Meerespolitik angesprochen wird, ist die Luftverschmutzung durch Schiffe. Im Jahr 2000 wurden durch Schiffe auf europäischen Hoheitsgewässern 157 Millionen Tonnen Treibhausgase ausgestoßen, mehr als durch den Luftverkehr im gleichen Jahr. Wenn hier nicht umgehend Maßnahmen ergriffen werden, wird die Luftverschmutzung durch Schiffe im Jahr 2020 höher sein als alle Treibhausgasemissionen an Land zusammen. (13)

Weiterführende Literatur

(1) Grünbuch zur Meerespolitik vorgelegt - Fischerei, Schifffahrt, Häfen und Tourismus in Einklang bringen - Mehr Begehrlichkeiten aus Brüssel zu erwarten
aus Agra-Europe (AgE), 47. Jahrgang Nr. 24 vom 12.06.2006

(2) Europa entdeckt seine Meere neu Das "Grünbuch Meerespolitik" fordert die Versöhnung von Ökologie und Ökonomie. Noch sind das wolkige Worte
aus taz, 09.06.2006, S. 7

(3) Europäische Vision für Ozeane
aus Saarbrücker Zeitung vom 08.06.2006

(4) Der Kommissar auf unbekanntem Kurs
aus Süddeutsche Zeitung, 03.04.2006, Ausgabe Deutschland, S. 18

(5) Alles im Fluss
aus Der Tagesspiegel Nr. 19213 VOM 08.06.2006 SEITE 002

(6) Der integrierte Nutzungskonflikt Auf dem ersten deutschen Forum zur neuen EU-Meerespolitik wurde deren Grundidee einhellig gelobt. Viele Probleme wurden benannt, auf Lösungen darf noch ein Jahr lang gehofft werden
aus taz Nord, 08.07.2006, S. 16

(7) Neue EU-Strategie zur Nutzung der Ozeane

aus Süddeutsche Zeitung, 08.06.2006, Ausgabe Deutschland, S. 17

(8) Staatssekretärin Klug will die Meeresfischerei auf ein nachhaltiges Niveau zurückführen
aus Agra-Europe (AgE), 47. Jahrgang Nr. 25 vom 19.06.2006

(9) Brüssels grüne Meere
aus taz Nord, 08.07.2006, S. 16

(10) EU will ihre Meere besser schützen
aus Hamburger Abendblatt, 08.06.2006, Nr. 131, S. 5

(11) Saubere Schiffe vor weißen Stränden Die erste deutsche Konferenz zum Grünbuch Meerespolitik der EU will mehr Ökologie - wenn sie sich rechnet
aus taz, 08.07.2006, S. 7

(12) Fischerei Brüssel will umweltfreundlichere Fischerei EU-Kommissar Borg wehrt Forderungen nach Flotten-Subventionierung ab - Europäer essen immer mehr Fisch
aus DIE WELT, 08.06.2006, Nr. 131, S. 10

(13) Der Blick geht hinaus aufs Meer
aus Stuttgarter Zeitung, 08.06.2006, S. 4

(14) O. V., „Grünbuch kein Prototyp künftiger Meerespolitik", DVZ Deutsche VerkehrsZeitung, Nr. 23, 23.02.2006
aus Stuttgarter Zeitung, 08.06.2006, S. 4

(15) Meere nutzen und schützen
aus taz Nord, 14.06.2006, S. 15

(16) Ostsee Modell für EU-Meerespolitik
aus taz Nord, 08.06.2006, S. 17

(17) Kiel macht sich in der EU für die Nord- und Ostsee stark
aus Hamburger Abendblatt, 02.01.2006, Nr. 1, S. 17

(18) Sonderrolle: Schleswig-Holstein will sich zum Sprachrohr der Küstenländer machen Kiel setzt verstärkt auf Meerespolitik Im Sommer werden sich Vertreter aus ganz Europa in Kiel zur Konferenz treffen.
aus Hamburger Abendblatt, 10.04.2006, Nr. 85, S. 19

(19) Dött/Liebing: Umweltschutz und ökonomische Nutzung der Meere sind kein Gegensatz
aus news aktuell, 2006-06-14

Impressum

EU Grünbuch zur Meerespolitik - ökonomische und ökologische Interessen sollen versöhnt werden

Bibliografische Information der deutschen Nationalbibliothek

Die Deutsche Nationalbibliothek verzeichnet diese Publikation in der deutschen Nationalbibliografie; detaillierte bibliografische Daten sind im Internet über http://dnb.d-nb.de abrufbar.

ISBN: 978-3-7379-1467-3

© 2015 GBI-Genios Deutsche Wirtschaftsdatenbank GmbH, Freischützstraße 96, 81927 München, www.genios.de

Alle Rechte vorbehalten. Dieses Werk ist einschließlich aller seiner Teile – z.B. Texte, Tabellen und Grafiken - urheberrechtlich geschützt. Jede Verwertung außerhalb der Grenzen des Urheberrechtsgesetzes bedarf der vorherigen Zustimmung des Verlags. Dies gilt insbesondere auch für auszugsweise Nachdrucke, fotomechanische

Vervielfältigungen (Fotokopie/Mikroskopie), Übersetzungen, Auswertungen durch Datenbanken oder ähnliche Einrichtungen und die Einspeicherung und Verarbeitung in elektronischen Systemen.